Rainer Wolke/Silke Behling

Pferdeträume mit Bibi und Tina

2 spannende Geschichten plus Hufeisen-Quiz

Mit tollen Pferde-Infos!

Bibi & Tina

Lesen lernen

1. Klasse

ab 6 Jahren

Klett Lerntraining

Bibliografische Information der Deutschen Nationalbibliothek
Die Deutsche Nationalbibliothek verzeichnet diese Publikation in der Deutschen Nationalbibliografie; detaillierte bibliografische Daten sind im Internet über http://dnb.dnb.de abrufbar.

Dieses Werk folgt der neuen Rechtschreibung und Zeichensetzung.
„Hexspruch" ist ein Begriff aus der Welt von Bibi Blocksberg.

3. Auflage 2017

Redaktion: Susanne Stephan
Lizenz durch KIDDINX Media GmbH
Lahnstraße 21, 12055 Berlin

bibiundtina.de

www.klett-lerntraining.de
Teamleiterin Grundschule und Kinderbuch: Susanne Schulz
Umschlaggestaltung und Layout: Sabine Kaufmann, Stuttgart
Autor: Rainer Wolke, Mainz; Silke Behling, Osnabrück
Bildquellenverzeichnis: S. 73: Dreamstime.com (Onigiriwords), Brentwood, TN; S. 66: Thinkstock (acceptfoto), München; S. 73: Fotolia (Viktoria Makarova), New York; S. 72: Dreamstime.com (Ctmphotog), Brentwood, TN; S. 72: Dreamstime.com (Kotomiti_okuma), Brentwood, TN; S. 71: Fotolia (JFL Photography), New York; S. 70: Fotolia (135pixels), New York; S. 68: Fotolia (Kseniya Abramova), New York; S. 69: Fotolia (malafo), New York; S. 65: Fotolia (Cornelia Pretzsch), New York; S. 65: Fotolia (zuzule), New York; S. 64: Shutterstock (pirita), New York; Umschlag, S. 63: Thinkstock (Jupiterimages), München
Illustrationen: Madlen Frey und Till Bayreuther, Greven
Satz: tebitron gmbh, Gerlingen
Druck: Aumüller Druck GmbH & Co. KG, Regensburg
Bindung: Conzella Verlagsbuchbinderei Urban Meister GmbH & Co KG, Pfarrkirchen
Printed in Germany
ISBN 978-3-12-949349-6

Inhalt

Rehkitz in Not!

Ein Wettreiten mit Folgen

Es ist ein schöner Sommertag.
Bibi und Tina schwingen sich
auf ihre Pferde.
„Wer zuerst am Mühlenbach ist!“,
ruft Bibi übermütig.
Tina ist begeistert:
„Na warte, diesmal gewinne ich!“

Lachend jagen die beiden
über die Wiesen.
Plötzlich springt vor ihnen
ein erschrecktes Reh auf.
Es verschwindet im Wald.

Doch was ist das?
Durch das Gras
humpelt ein Kitz!
Es versucht,
seiner Mutter zu folgen,
aber es ist am Bein verletzt.

Bibi springt von Sabrina
und läuft zu dem Kitz.
Vorsichtig streichelt sie es.
„Hab keine Angst“,
flüstert sie ihm leise ins Ohr.

Tina ist entsetzt:
„Bibi! Was machst du denn?
Man darf Kitze nicht anfassen.
Jetzt nimmt es die Mutter
nicht mehr an!“

Auweia!
Das hatte Bibi
vor Aufregung ganz vergessen.
„Ich wollte ihm doch nur helfen“,
erklärt sie Tina verzweifelt.

MACH MIT!

Wie fühlt
sich Bibi?
Kreise ein.

schuldig

fröhlich

lustig

betrübt

verzweifelt

glücklich

Bibi und Tina haben eine Idee

Das Rehkitz fiept aufgeregt.
„Es ruft nach seiner Mutter.
Sicher hat es Hunger“,
überlegt Tina.
Tatsächlich saugt es jetzt sogar
an Bibis kleinem Finger.

Bibi ist noch immer betrübt.
„Wie können wir dem Kleinen
nur helfen?“,
fragt sie Tina.

MACH MIT!

Schreibe das passende Wort in die Lücke.

„Ich habe schon mal ein Kälbchen mit der Flasche aufgezogen“, berichtet Tina.
„Das geht auch mit einem ________.
Aber wie bringen wir es auf den Martinshof?“

Da hat Bibi eine gute Idee.
„Wir bauen eine Trage“,
schlägt sie vor.
„Dann muss es nicht laufen.“

Sofort legen die Freundinnen los.
Aus Ästen, Zweigen und Blättern
basteln sie eine weiche Trage.
Das Reh sieht vom Wald aus zu,
traut sich aber nicht,
näher zu kommen.

Tina bindet die Trage
am Sattel von Amadeus fest.
Vorsichtig legen sie
das Kitz darauf.
Dann traben alle langsam in
Richtung Martinshof los.

Doktor Eichhorn kommt

Bald kommt die kleine Gruppe
auf dem Martinshof an.
Alle Tiere begrüßen das Kitz.
Und das Kleine?
Es reckt neugierig den Hals.

Bibi gibt ihm die Flasche.
Das Kitz trinkt gierig.
„Das machst du aber gut“,
freut sich Bibi.

Doktor

Kreise die Wörter im Text ein.

MACH MIT!

Bein

Tierarzt

Tina ruft inzwischen den Tierarzt an.
Zum Glück kann Doktor Eichhorn
gleich zum Martinshof kommen.
Sorgfältig untersucht er das Bein
von dem kleinen Kitz.

„Euer Rehkitz hat Glück gehabt“,
erklärt der Tierarzt erleichtert.
„Das Bein ist nicht gebrochen.
Es ist nur geprellt.“

Doktor Eichhorn
trägt eine Salbe auf und
legt einen kleinen Verband an.
„Der wird das Kitz nicht stören“,
erklärt er den Mädchen.
„Bald kann es wieder springen!“

Tina ist erleichtert.
Bibi kann sich aber
gar nicht richtig freuen.
„Trotzdem muss das Kitz
ohne Mutter aufwachsen“,
seufzt sie unglücklich.

Bibi macht alles wieder gut

Aber Doktor Eichhorn erklärt:
„Mit dem verletzten Bein
hätte die Mutter ihr Kitz
zurücklassen müssen.
Alleine kann es
noch nicht überleben.
Ihr habt es also gerettet!“

Er sieht Bibi lächelnd an:
„Du weißt, ich mag es nicht,
wenn du Tiere gesund hext.
Aber einen Geruch wegzuhexen
fände ich in Ordnung.“

Jetzt kann Bibi wieder lachen.
„Super!“, ruft sie vergnügt.
„Ich weiß auch schon
den passenden Hexspruch.
Eene meene …“

MACH MIT!

Male viele bunte
Hexsternchen.

Doch plötzlich
fällt Tina ihr ins Wort.
„Moment, Bibi!“, ruft sie.
„Erst müssen wir das Kitz
zu seiner Mutter zurückbringen!“

Kurz darauf sind Bibi und Tina
mit dem Kitz auf der Wiese.
Bibi hext entschlossen:
„Eene meene Küchentuch,
verschwunden ist aller Geruch!
Hex-hex!“

Bibi und Tina ziehen sich
auf den nahen Hochsitz zurück.
Bald nähert sich die Rehmutter.
Freudig leckt sie ihr Kitz ab.
„Ende gut, alles gut“,
flüstert Bibi glücklich.

Hufeisen-Quiz

1 Wohin wollen Bibi und Tina reiten?

- zum Mühlenbuch
- zum Mühenbach
- zum Mühlenbach

2 Welches Tier erschreckt sich?

- ein Reh
- ein Regenwurm
- ein Schaf

3 Warum kann das Kitz seiner Mutter nicht folgen?

- ◯ Es sitzt in einer Falle.
- ◯ Es humpelt.
- ◯ Es ist angebunden.

4 Was sollte man nie mit einem Kitz in der Natur tun?

- ◯ es anfassen
- ◯ es dressieren
- ◯ es füttern

5 Wie bringen Bibi und Tina das verletzte Kitz zum Martinshof?

- ◯ Sie legen ihm einen Gips an.
- ◯ Sie rufen einen Tierkrankenwagen.
- ◯ Sie bauen eine Trage.

6 Wer kümmert sich gleich um das Kitz?

- ◯ Tierarzt Doktor Eichhorn
- ◯ Frau Martin
- ◯ Graf Falko von Falkenstein

7 Freut sich Bibi über das gesunde Kitz?

- ◯ Ja, Bibi hat keine Sorgen mehr.
- ◯ Nur ein bisschen, denn sie glaubt, das Kitz müsste ohne Mutter aufwachsen.
- ◯ Nein, sie mag nur Pferde.

8 Wie tröstet Doktor Eichhorn Bibi?

- ◯ Er spendiert ein Eis.
- ◯ Er sagt, dass die Kinder das Kitz gerettet hätten.
- ◯ Er bringt das Kitz in einen schönen Streichelzoo.

9 **Was tut Bibi, damit das Reh sein Kitz wieder erkennt?**

- ○ Sie hext den Geruch der Menschen weg.
- ○ Sie lernt die Rehsprache und erklärt der Rehmutter alles.
- ○ Sie reibt es mit feuchten Blättern ab.

10 **Warum kommt die Rehmutter sofort?**

- ○ Sie will auf der Wiese fressen.
- ○ Sie hat in der Nähe auf ihr Kitz gewartet.
- ○ Sie glaubt, die Menschen würden sie füttern.

Flammen auf dem Martinshof

Picknick mit Wolken

Es ist ein schöner Sommertag.
Bibi, Tina und Alexander
sitzen auf einer Decke am See
und picknicken.
Die drei Pferde grasen.
„Herrlich!“, jubelt Bibi.

Sie lässt sich ins Gras fallen.
Doch was ist das?
Am Himmel ziehen
schwarze Wolken auf.

„Das Gewitter geht bald los!“,
meint Alexander.
Blitzschnell packen
die drei Freunde zusammen.

Bibi, Tina und Alexander
reiten durch den Wald zurück.
Die Wolken am Himmel
werden immer dunkler.
Doch sie haben Glück.
Trocken erreichen sie den Hof.

MACH MIT!

Schreibe die passenden Wörter in die Lücken.

fürchten

müssen

helfen

Rasch ________ die drei Freunde Holger und Tinas Mutter.

Alle Tiere ________ in den Stall.

Manche Ferienkinder ________ sich.

Besonders der kleine Bodo.

Doch Frau Martin tröstet ihn.

„Das war knapp“, stöhnt Tina
und plumpst auf einen Stuhl.
Donner kracht.
Plötzlich schlägt ein Blitz
in den großen Baum ein!

Feueralarm!

Bibi, Tina und Alexander laufen zum Fenster.
Der Baum brennt!
Überall ist Rauch.
Alex reagiert am schnellsten.
Er alarmiert die Feuerwehr.

Welche Telefonnummer wählst du bei Feuer?
Kreise ein.

000

999

112

„Wir können nicht
auf die Feuerwehr warten!“,
beschließt Frau Martin.
„Im Stall ist trockenes Stroh,
das darf kein Feuer fangen!“
Holger läuft sofort nach draußen.
Bibi, Tina und Alexander folgen ihm.

„Ich hole den Schlauch,
dreht ihr das Wasser auf!“,
ruft Holger.
Aber der Wasserstrahl
ist viel zu schwach.
Der Baum brennt weiter.

Frau Martin bringt alle Kinder
auf die Pferdekoppel.
„Keine Angst“,
beruhigt sie die Kleinen.
„Bis hierher kann das Feuer
nicht kommen!“

Alex läuft in den Kuhstall und
treibt die Tiere auf die Weide.
Tina kümmert sich um die Hasen.
Bibi bringt die Enten
in Sicherheit.

Dann sind die Pferde dran.
Tina führt alle nach draußen,
aber Snoopy scheut.
Das Pony hat zu große Angst
vor dem lodernden Feuer.
Es will einfach nicht aus der Box.

Snoopy hat Angst

Bibi steht in der Box von Snoopy.
„Hab keine Angst, mein Kleiner“,
flüstert sie.
Doch das niedliche Pony
lässt sich nicht beruhigen.

Da kommt Tina
ihrer Freundin zu Hilfe.
Sie bringt eine saftige Möhre mit.
Aber auch damit
lässt sich Snoopy nicht locken.

Bibi sieht Tina fragend an.
„Hier hilft nur Hexerei, oder?“
Tina nickt.
„Eene meene kleiner Riese,
du siehst eine Blumenwiese.
Hex-hex!“

Sofort entspannt sich Snoopy.
Das Pony schnaubt vergnügt.
Tina und Bibi können es leicht
auf die sichere Koppel führen.

MACH MIT!

Male eine große
bunte Blumenwiese.

„Jetzt sind alle Kinder und Tiere in Sicherheit!“, glaubt Frau Martin. Tina sieht sich um.

Das Lämmchen ist da,
Ziegenbock Hoheit und …
„Nein!“, ruft Tina plötzlich.
„Huhn Berta fehlt noch!“
Frau Martin wird bleich.
„Und der kleine Bodo“,
stammelt sie.

Wo ist Bodo?

Bodo ist verschwunden!
„Sicher hat er sich
aus Angst irgendwo versteckt“,
vermutet Frau Martin.
Und wo ist Huhn Berta?
Sofort schwärmen alle aus
und suchen die beiden.

Da hört Bibi ein Lachen.
Hinter der Regentonne
bewegt sich etwas.
„Hihi, hör auf, Berta“,
kichert jemand.
„Das kitzelt!“

MACH MIT!

Welches Wort ergibt sich hier? Verbinde von Punkt zu Punkt.

Hinter der Tonne sitzt Bodo
mit einem Nest auf seinem Schoß.
Darin hockt Berta.
„Sie wollte ihr Nest
nicht verlassen“, erklärt Bodo.

„Ich konnte sie doch nicht
alleine lassen!“
Bibi und Bodo bringen Berta
in die alte Hundehütte.
Da kommt endlich die Feuerwehr!
Im Nu ist der Brand gelöscht.

Am nächsten Morgen
scheint wieder die Sonne.
Um die Rettung zu feiern,
frühstücken alle draußen.
„Seht mal!“,
ruft Bodo plötzlich.

Über den Hof trippelt Berta.
Gefolgt von vier Küken!
Bibi ruft:
„Kein Wunder, dass sie ihr Nest
nicht alleine lassen wollte!“

Hufeisen-Quiz

1 Was machen die drei Freunde auf der Wiese am See?

- ◯ ein Feuerwerk
- ◯ ein Picknick
- ◯ ein Zeltlager

2 Wer vermutet ein Gewitter?

- ◯ Tina
- ◯ Alexander
- ◯ Bibi

3 **Wer oder was hat den Baum in Brand gesetzt?**

- ein Ferienkind
- ein Blitz
- ein Kabelbrand

4 **Warum ist der Brand besonders gefährlich?**

- Vor dem Haus liegt die Gasleitung.
- Aus dem Traktormotor tropft Öl.
- Im Stall ist trockenes Stroh.

5 **Warum will das Pony nicht aus dem Stall?**

- Es hat Angst.
- Es will zu Ende fressen.
- Es schläft gerade.

6 Wie gelingt es, Snoopy zu beruhigen?

- ◯ Tina gibt dem Pony eine Möhre.
- ◯ Bibi hext eine Blumenwiese.
- ◯ Alexander sagt, der Brand sei gelöscht.

7 Welches Tier ist nicht zu finden?

- ◯ Kälbchen Käthe
- ◯ Ziegenbock Hoheit
- ◯ Huhn Berta

8 Warum ist Bodo weg?

- ◯ Er will der Feuerwehr den Weg zeigen.
- ◯ Er will Huhn Berta beschützen.
- ◯ Er will den Baum fällen.

9 **Wer löscht das Feuer?**

- die Feuerwehr
- der Regen
- Holger

10 **Welche Überraschung wartet am nächsten Tag auf alle?**

- Graf Falko spendiert einen neuen Baum.
- Die Feuerwehr verleiht Holger einen Orden.
- Huhn Berta hat Küken bekommen.

Pferde-Infos

Ponyrassen

Klein und groß

Es gibt sehr viele Ponyrassen.
Zu den Ponys gehören alle kleinen Pferde, die bis zu

- [ ] 1,20 Meter
- [ ] 1,48 Meter
- [ ] 1,65 Meter

groß sind.

Die Größe von Pferden wird am

- [ ] Widerrist
- [ ] Kopf
- [ ] Schweif

gemessen.

Tolle Minis

Shetland Ponys sind etwa einen Meter groß, genauer gesagt sind sie zwischen 89–107 Zentimetern groß. Die Kleinen sind sehr schlau. Mit Shettys kann man ganz viel machen:

r i e e t n ____________________

f h a r e n ____________________

K u n t s s t ü e c k ____________________

Von klein bis groß

Welsh Ponys gibt es von ganz klein bis ganz groß. Das kleine Welsh A ist bis zu 122 Zentimeter groß, das große Welsh D wird sogar größer als 148 Zentimeter. Alle Welsh Ponys sind schick und sportlich. Sie sind auch sehr lebhaft.

Bunt

Tinker Ponys sind bunt wie eine ________ !

Die meisten sind ________________

gefleckt. Früher zogen die Tinker Ponys

die ________________ der Tinker.

Das waren fahrende Händler in ________ .

schwarz-weiß | Kutschen | Irland | Kuh

Stark

Islandponys tragen auch Erwachsene.
So stark sind sie! Und sie können mehr als

☐ Schritt, Trab, Galopp.

☐ Hopp, Hooo, Brrr.

Sie laufen auch Tölt.

Rund um den Stall

Freiheit

Verbinde.

Pferde sind …	… sehr gut.
Sie wollen …	… ihr Lieblingsfutter.
Laufen gefällt Pferden …	… mit Freunden zusammen sein.
Gras ist …	… am liebsten auf der Weide.

Der Stall

Pferde wohnen zusammen. Sie brauchen andere Pferde. Dafür ist ein Offenstall ideal. Im Offenstall können sie schlafen und fressen. Aber sie können auch immer nach draußen gehen.

Pferde-Wohnung

Im Stall gibt es

☐ Stroh. ☐ Rasen. ☐ Steine.

Aus einer

☐ Tränke ☐ Tasse ☐ Napf

können die Pferde Wasser trinken.

Auf dem Pferdehof

Weißt du, was es alles auf dem Pferdehof gibt? Finde die 7 Wörter.

T	R	E	C	K	E	R	Z	H	E	U	V	E
G	O	P	I	J	K	L	T	R	V	B	N	I
F	M	I	S	T	H	A	U	F	E	N	L	M
S	Q	N	E	X	Z	B	V	Y	X	N	P	E
T	R	W	D	S	E	K	R	I	A	E	I	R
R	E	S	C	H	U	B	K	A	R	R	E	J
O	H	Z	E	W	N	C	X	W	Y	P	R	S
H	M	R	E	I	T	P	L	A	T	Z	T	Z

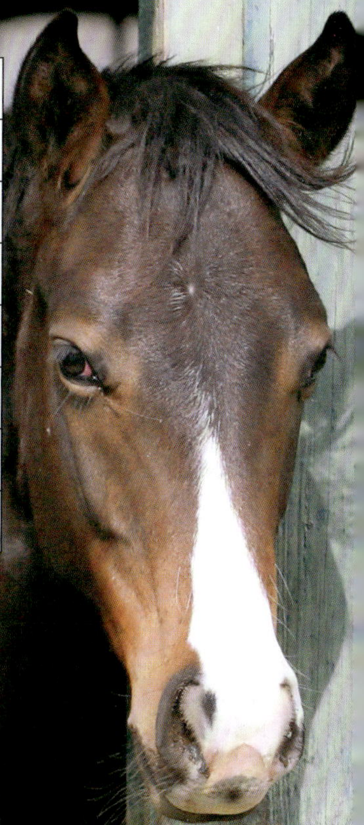

Das Paddock

Auslauf bekommen Pferde im __________.

Dort können Pferde __________.

Freunde kraulen sich gegenseitig sogar ihre __________.

Pferde dösen auch zusammen.

Dann stehen sie nebeneinander

und __________ im Stehen.

spielen Paddock schlafen Mähnen

Fluchttier Pferd

Bei Gefahr

Pferde sind Fluchttiere. Bei Gefahr laufen sie lieber weg. Sie kämpfen nicht gern. Sie schlagen nur aus, wenn sie sich erschrecken.

Weißt du, was Pferde bei Gefahr tun?

- ☐ angreifen
- ☐ ausschlagen
- ☐ wiehern
- ☐ wegrennen
- ☐ schnauben

Achtung!

Pferde sind immer ____________________.
(aufsammerk)

Sie fürchten sich vor fremden ____________________
(Dngeni)

und ____________________ schnell.
(eschrreckne)

Ich sehe dich!

Pferde leben auf ____________________ und Weiden.

Wenn sie angegriffen werden, ____________________

sie weg. Dazu müssen sie ihren ____________________

rechtzeitig erkennen. Ihre ____________________

sitzen an den Seiten des Kopfes. Damit

können sie auch zur ____________________

und fast bis nach hinten schauen.

Seite | laufen | Feind | Wiesen | Augen

Bleib bei mir!

- ☐ Pferde fürchten sich alleine.
- ☐ Pferde sind Einzelgänger.
- ☐ Pferde passen aufeinander auf.

Beim Tierarzt

Alles fit?

Weißt du, was der Tierarzt alles untersucht? Trage ein.

klares Auge | Schleimhäute

Herzschlag und Atmung | Darm

Gesund

Ein gesundes Pferd hat eine Temperatur von ungefähr

☐ 30 °C. ☐ 38 °C. ☐ 42 °C.

Es atmet in einer Minute etwa

☐ 1- bis 3-mal. ☐ 4- bis 8-mal. ☐ 8- bis 16-mal.

Sein Puls in Ruhe ist

☐ 28 bis 40 ☐ 40 bis 68 ☐ 68 bis 99

Herzschläge in der Minute.

Erste Hilfe

Weißt du, was der Tierarzt macht? Verbinde.

Wunden werden ...	... bekommt das Pferd ein Medikament.
Große Verletzungen am Bein ...	... sauber gemacht.
Bei Husten ...	... bekommen einen Verband.
Wenn es Bauchweh hat, ...	... geraspelt.
Die Zähne werden ...	... darf das Pferd nichts mehr fressen.

Die Zähne

Pferdezähne sind etwas Besonderes. Je älter das Pferd wird, desto länger werden sie. Sie wachsen aber nicht. Sie werden nur immer weiter aus dem Kiefer herausgeschoben. Alte Pferde haben deshalb sehr lange Zähne.

Pferde und andere Tiere

Gleich und gleich

Pferde leben am liebsten mit Pferden zusammen.
Sie verstehen sich einfach am besten.
Aber Pferde mögen auch andere Tiere.

Pferde und Esel

Pferde und Esel sind fast gleich.
Oder doch nicht?

- ☐ Pferde und Esel sind Fluchttiere.
- ☐ Esel sind keine Fluchttiere.
- ☐ Esel und Pferde sprechen die gleiche Sprache.
- ☐ Esel und Pferde sind ganz unterschiedlich.

Schwarz und weiß

Pferde fressen gerne. Aber ihr __________

ist klein. In ihn passen nur

__________ Mengen. So können Pferde

schnell ________________ .

Kühe haben __________ Mägen.

Zum Verdauen __________ sie sich hin.

Kühe und Pferde fressen Gras.

Beide können sich eine __________ teilen,

auch wenn sie ganz unterschiedlich sind.

Magen | mehrere | kleine | legen

weglaufen | Weide

Wie Hund und Katz

Auch Pferde haben Freunde.
Weißt du, mit welchen Tieren sie sich manchmal anfreunden?

K t a z e ________________________

u n d H ________________________

Z e i e g ________________________

Lösungen

Rehkitz in Not

Erstlese-Geschichte

Seite 9: eingekreist: schuldig, verzweifelt, betrübt

Seite 12: Kitz

Seite 18: Tina ruft inzwischen den Tierarzt an.
Zum Glück kann Doktor Eichhorn
gleich zum Martinshof kommen.
Sorgfältig untersucht er das Bein
von dem kleinen Kitz.

Hufeisen-Quiz

1 zum Mühlenbach
2 ein Reh
3 Es humpelt.
4 es anfassen
5 Sie bauen eine Trage.
6 Tierarzt Doktor Eichhorn
7 Nur ein bisschen, denn sie glaubt, das Kitz müsste ohne Mutter aufwachsen.
8 Er sagt, dass die Kinder das Kitz gerettet hätten.
9 Sie hext den Geruch der Menschen weg.
10 Sie hat in der Nähe auf ihr Kitz gewartet.

Lösungen

Flammen auf dem Martinshof

Erstlese-Geschichte

Seite 38: Rasch helfen die drei Freunde
Holger und Tinas Mutter.
Alle Tiere müssen in den Stall.
Manche Ferienkinder fürchten sich.

Seite 40: 112

Seite 53: REGENTONNE

Hufeisen-Quiz

1 ein Picknick
2 Alexander
3 ein Blitz
4 In der Scheune ist trockenes Stroh.
5 Es hat Angst.
6 Bibi hext eine Blumenwiese.
7 Huhn Berta
8 Er will Huhn Berta beschützen.
9 die Feuerwehr
10 Huhn Berta hat Küken bekommen.

Lösungen
Pferde-Infos

zu Seite 64/65 Ponyrassen

Klein und groß

[x] 1,48 Meter
[x] Widerrist

Tolle Minis

reiten
fahren
Kunststücke

Bunt

Tinker Ponys sind bunt wie eine Kuh! Die meisten sind schwarz-weiß gefleckt. Früher zogen die Tinker Ponys die Kutschen der Tinker. Das waren fahrende Händler in Irland.

Stark

[x] Schritt, Trab, Galopp.

zu Seite 66/67 Rund um den Stall

Freiheit

Pferde sind ...	... sehr gut.
Sie wollen ...	... ihr Lieblingsfutter.
Laufen gefällt Pferden ...	... mit Freunden zusammen sein.
Gras ist ...	... am liebsten auf der Weide.

Pferde-Wohnung

- [x] Stroh.
- [x] Tränke

Auf dem Pferdehof

T	R	E	C	K	E	R	Z	H	E	U	V	E
G	O	P	I	J	K	L	T	R	V	B	N	I
F	M	I	S	T	H	A	U	F	E	N	L	M
S	Q	N	E	X	Z	B	V	Y	X	N	P	E
T	R	W	D	S	E	K	R	I	A	E	I	R
R	E	S	C	H	U	B	K	A	R	R	E	J
O	H	Z	E	W	N	C	X	W	Y	P	R	S
H	M	R	E	I	T	P	L	A	T	Z	T	Z

Das Paddock

Auslauf bekommen Pferde im Paddock.
Dort können Pferde spielen.
Freunde kraulen sich gegenseitig sogar ihre Mähnen.
Pferde dösen auch zusammen.
Dann stehen sie nebeneinander
und schlafen im Stehen.

zu Seite 68/69 Fluchttier Pferd

Bei Gefahr

[x] wegrennen

Achtung!

Pferde sind immer aufmerksam.
Sie fürchten sich vor fremden Dingen
und erschrecken schnell.

Ich sehe dich!

Pferde leben auf Wiesen und Weiden.
Wenn sie angegriffen werden, laufen
sie weg. Dazu müssen sie ihren Feind
rechtzeitig erkennen. Ihre Augen
sitzen an den Seiten des Kopfes. Damit
können sie auch zur Seite
und fast bis nach hinten schauen.

Bleib bei mir!

[x] Pferde fürchten sich alleine.
[x] Pferde passen aufeinander auf.

zu Seite 70/71 Beim Tierarzt

Alles fit?

Gesund

- [x] 38 °C.
- [x] 8- bis 16-mal.
- [x] 28 bis 40

Erste Hilfe

Wunden werden …	… bekommt das Pferd ein Medikament.
Große Verletzungen am Bein …	… sauber gemacht.
Bei Husten …	… bekommen einen Verband.
Wenn es Bauchweh hat, …	… geraspelt.
Die Zähne werden …	… darf das Pferd nichts mehr fressen.

zu Seite 72/73 Pferde und andere Tiere

Pferde und Esel

- [x] Esel sind keine Fluchttiere.
- [x] Esel und Pferde sind ganz unterschiedlich.

Schwarz und weiß

Pferde fressen gerne. Aber ihr Magen ist klein. In ihn passen nur kleine Mengen. So können Pferde schnell weglaufen. Kühe haben mehrere Mägen. Zum Verdauen legen sich hin. Kühe und Pferde fressen Gras. Beide können sich eine Weide teilen, auch wenn sie ganz unterschiedlich sind.

Wie Hund und Katz

Katze; Hund; Ziege